ENDLICH GROSSE SCHWESTER

Meine kleine Schwester & Ich

Ein Erinnerungsbuch für Geschwister
zum Malen, Basteln und Fotos einkleben

Hurra, ich bin die große Schwester!

Mein Name ist: _____

So alt bin ich gerade: _____

Das spiele ich gerne: _____

_____

Das ist mein Lieblingsessen:

_____

Meine Lieblingsfarbe sieht so aus:

Hallo, große Schwester! Um dich und dein Geschwisterchen geht es in diesem Buch.

>> Foto große Schwester <<

Das ist ein total süßer Schnappschuss von dir!

Hallo, ich bin die kleine Schwester!

Mein Name ist: _____

So alt bin ich gerade: _____

Das ist mein Lieblingsschlafplatz: _____

_____

Mein erstes Kuscheltier ist: _____

_____

Wenn ich ein Tier wäre, dann wäre ich: _____

_____

Juhu, kleine Schwester - schön, dass du da bist.

>> Foto kleine Schwester <<

Und so siehst du aus.

So fing alles an...

>>hicks<<

Öhrchen gespitzt

>>klopfklopf<<

>>strampel<<

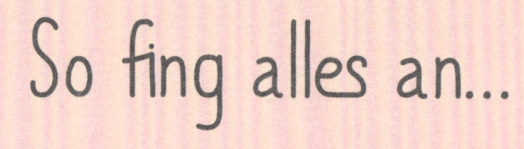

>> Platz für ein Babybauch-Foto <<
(mit großer Schwester)

Eure Reise beginnt: Du bist bestimmt schon ganz aufgeregt. Mamas Bauch ist kugelrund und sie hat bereits den Klinik-Koffer gepackt. Dann ging es los...

Mal das Bild aus

Hurra, am _____ um _____ Uhr war es soweit:
Du bist endlich große Schwester geworden!

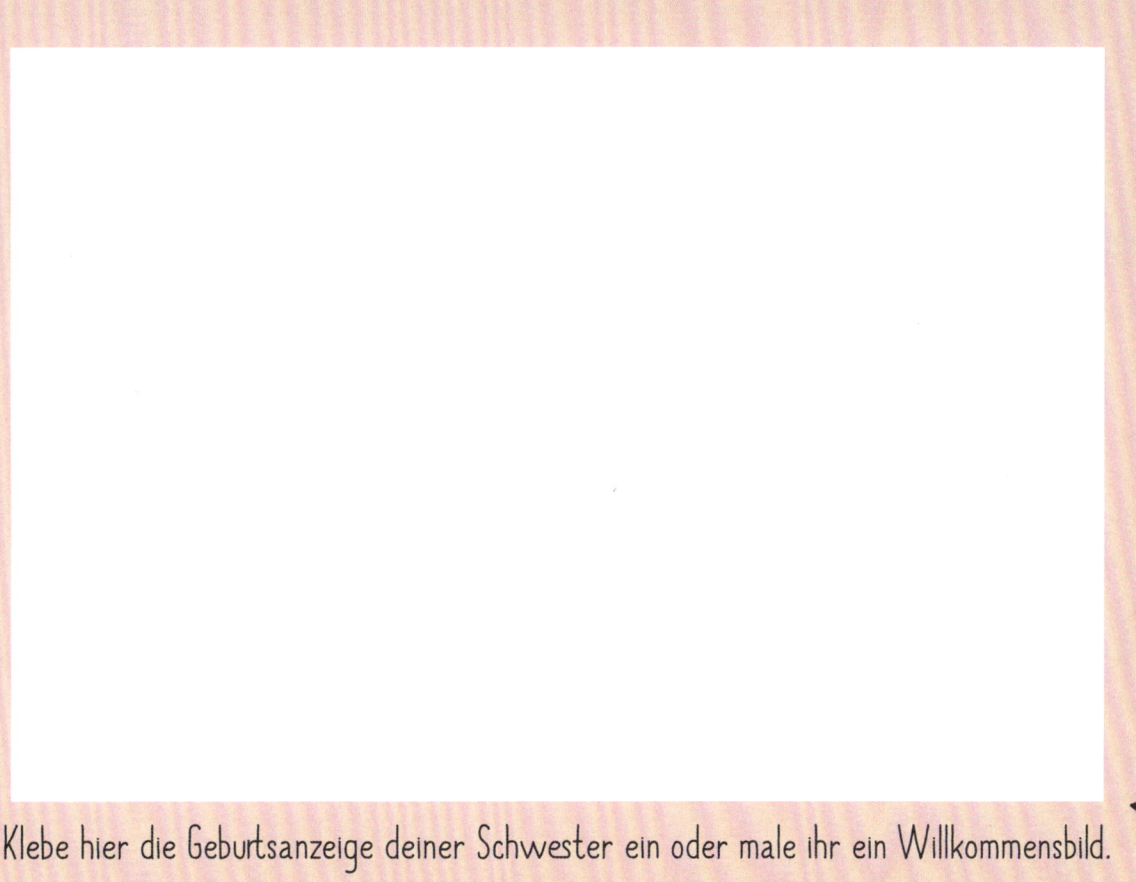

Klebe hier die Geburtsanzeige deiner Schwester ein oder male ihr ein Willkommensbild.

BIG SISTER Auch große Schwestern waren mal klein. So niedlich warst Du als Baby.

Und hier der Fotovergleich mit der kleinen Schwester.

Liebe auf den ersten Blick? In jedem Fall hat es >>klick<< gemacht beim ersten Schnappschuss von euch beiden.

Das hast du gesagt und gemacht, als du deine kleine Schwester
zum ersten Mal gesehen hast.

große Schwester

Malt jeweils eine Hand mit Stempel- oder Fingerfarbe an und macht
einen Abdruck davon.

kleine Schwester

Ab sofort seid ihr ein Team: Hand drauf!

Und wenn deine Finger vom Handabdruck schon mal dreckig sind, kannst du auch gleich noch ein paar Tiere stempeln: dein Fingerabdruck ist dabei der Körper.

Einige Tiere haben wir schon mal gemalt, zeichne doch noch mehr dazu.

Platz für lustige Bade-Schnappschüsse

Das war ganz schön viel Kleckserei. Jetzt nehmt ihr beide lieber mal ein Bad.

>>plitsch, platsch<<

>>schnarch<<

Puh, so viel Action macht richtig dolle müde.

>>schnorchel<<

Wovon du wohl träumst?

Wie die Zeit verfliegt (im Flugzeug)! Oder rast sie (im Auto oder Zug)?
Hier seid ihr schon in eurem ersten gemeinsamen Urlaub.

Deine liebste Urlaubserinnerung? Ein Bild aus Sand und Kleber, getrocknete Berg-
blumen, eine Eintrittskarte oder eine Zeichnung vom Ferienhaus - sei kreativ!

Hilf der Katze den Weg zu seinem Geschwisterchen zu finden.

Trage die richtige Nummer hier ein:
Ihr_____ seid ein starkes Team!

Echt? Deine kleine Schwester isst schon Brei? Ui, ui, ui das sieht ja lustig aus.

Was deine kleine Schwester kann, kannst du schon lange. Male bunte Brei-Kleckse mit Wasserfarben: rote Tomate, grüner Spinat, blaue Blaubeeren. Lecker!

>>

_____

_____

_____

_____

_____

_____

_____

 miau _____ <<

Ihr zwei werdet richtig gesprächig: Von ersten Wörtern...

... über lustige Sprüche, die einfach nur zum Piepen sind.

piep

>>HoHoHo<<

Fröhliche Weihnachten!

Das ist euer erstes gemeinsames Weihnachtsfest.

>> Platz für ein Geschenke-Foto <<

Geschwister sind ein echtes Geschenk... aber dein/e neue/s _____
_____war auch nicht zu verachten.

Klebe als Erinnerung ein Stück vom Geschenkpapier ein.
(Ist doch viel zu hübsch, um es einfach wegzuwerfen.)

Im Frühling kommt der Osterhase und bringt Schokolade: Was meist mit verschmierten Mündchen und Händchen endet – ach wie süß!

Selbstverständlich dürfen auch viele bunte versteckte Eier nicht an eurem ersten gemeinsamen Osterfest fehlen.

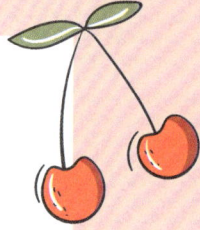

Den Sommer genießt ihr ab sofort wie zwei Kirschen im Doppelpack.

Und zwei Kugeln Eis schmecken auch besser als nur eine – ist doch klar!

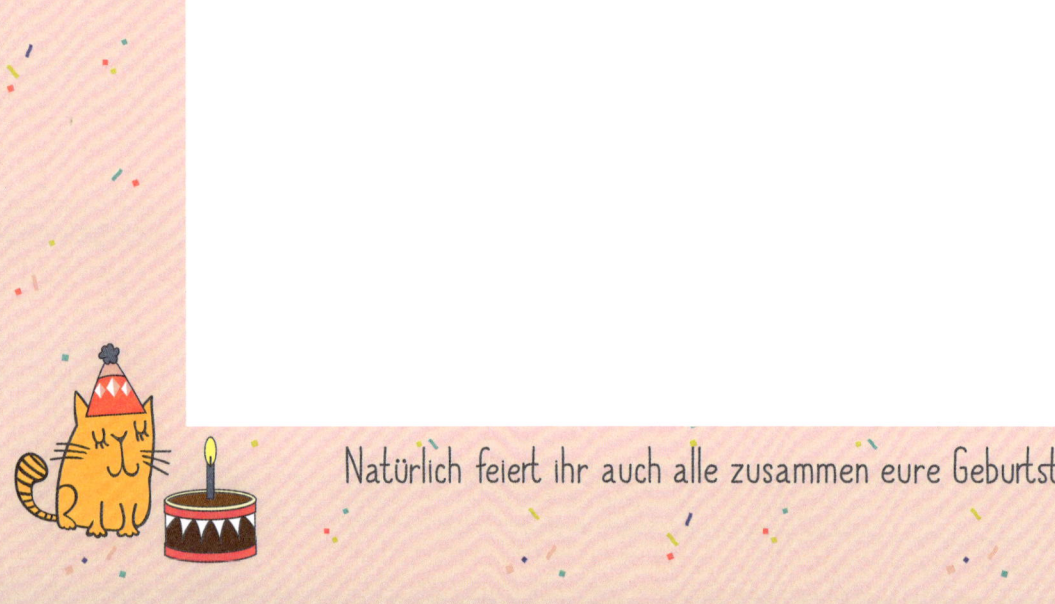

Natürlich feiert ihr auch alle zusammen eure Geburtstage!

Und singt schön schief „Happy Birthday toooo youuuuu, Marmelade im Schuh....“

>> Der Herbst, der Herbst, der Herbst ist da.... <<

Doppelter Spaß im Winter

>>

_____

_____

_____

_____

_____

_____

_____ <<

Geschwister-Alltag: Darüber könnt ihr gemeinsam lachen...

_____

_____

_____

_____

_____

...und das spielt ihr gerne zusammen.

>> <u>Darin seid ihr euch ähnlich...</u>

_____

_____

_____

<u>Darin unterscheidet ihr euch...</u>

_____

_____

_____ <<

Die Haare, die Nase oder eure Vorliebe für saure Gurken und Apfelmus?
Worin seid ihr euch ähnlich und was unterscheidet euch?

Ihr seid ein Herz und eine Seele (zumindest manchmal).

>>kicher<<

>>prust<<

>>LOL<<

>>hihi<<

>>haha<<

Das war so witzig!

Alle mal lächeln und Käsekuchen sagen:
>>Klick<<

Der krönende Abschluss: Ein Familienfoto, auf dem ihr 1. alle drauf seid und mit dem 2. jedes Familienmitglied zufrieden ist. Ein echtes Unikat - so wie ihr zwei beiden!

dabelino

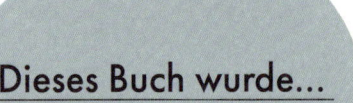

Dieses Buch wurde...

auf zertifiziertem
Naturpapier in
Deutschland
gedruckt

„Endlich große Schwester:
Meine kleine Schwester & Ich"
© 2019 dabelino | Birgit Frömel
Zum Oberwerk 6, 35510 Butzbach
www.dabelino.de | Alle Rechte vorbehalten

EAN: 07-97035-93366-2
ISBN: 978-3-96319-014-8

FSC
www.fsc.org
MIX
Papier aus ver-
antwortungsvollen
Quellen
FSC® C165257

Text + Gestaltung:
Miriam Frömel-Scheumann
Bildnachweis: Fotolia.com: © rudut2015,
© LittleWhale, © Guz Anna, © coffeee_in
Designbundles.net: © Clipick, © Tabitazn

Druck:WIRmachenDRUCK GmbH,
Mühlbachstr. 7, 71522 Backnang